De gids voor schrijvers

SCHRIJVEN OM DE LEZER TE BETOVEREN

ANNA KATMORE

Inhoudsopgave

Beste Schrijver

Voorwoorden worden vaak overgeslagen, maar als je dit nog steeds leest, beloof ik dat het de moeite waard zal zijn.

Allereerst: gefeliciteerd! Het feit dat je een gids over schrijven hebt opgepakt—of het nu de mijne is of die van iemand anders—laat zien dat je serieus bent over het verbeteren van je vak. Schrijven vraagt om een vleugje talent, dat klopt, maar het is bovenal een vaardigheid, of misschien nog beter gezegd, een ambacht dat je kunt leren beheersen. Er zijn technieken die beginners vaak niet kennen, maar die het verschil kunnen maken tussen een verhaal dat de lezer volledig in beslag neemt en een dat al snel vergeten wordt. Om een wat dramatische vergelijking te maken: geen enkele chirurg voert op zijn eerste dag een blindedarmoperatie uit. Ze studeren, trainen en oefenen, totdat ze met zelfvertrouwen en expertise aan het werk kunnen.

Veel van jullie dromen er waarschijnlijk van om met je eerste publicatie meteen een schot in de roos te hebben—een bestseller vanaf het allereerste moment. Dat is absoluut niet onmogelijk! Ik weet het, want het overkwam mij. Maar laat me je de waarheid vertellen: vóór die doorbraak heb ik jaren gespendeerd aan schrijven, herschrijven en het verslinden van alles wat ik over het schrijversvak kon vinden. Ik volgde talloze workshops en schreef drie complete romans die nooit het daglicht hebben gezien. Die vroege projecten waren geen mislukkingen—ze waren lessen. Elk van hen leerde me iets onmisbaars over het vertellen van verhalen.

Uiteindelijk bereikte ik een punt waarop mijn schrijfstijl verfijnd genoeg was om zowel te boeien als commercieel aantrekkelijk te zijn. Toen ik mijn eerste boek publiceerde, werd ik beloond met een snel groeiende schare fans. Tegenwoordig schrijf ik fantasy- en romantische romans voor jongvolwassenen, geef ik workshops en bied ik één-op-één coaching aan voor beginnende schrijvers. Het samenstellen van deze gids voelde als de volgende logische stap.

Dus, zonder verder oponthoud... laten we aan de slag gaan!

Het perfecte begin

Een goed verteld verhaal begint niet altijd bij het begin. Sterker nog, een lange inleiding is vaak een misstap. Vermijd uitgebreide beschrijvingen van landschappen of al te gekunstelde pogingen om een sfeer te scheppen. Duik in plaats daarvan direct de actie in. Hoe sneller je verhaal van start gaat, hoe makkelijker je de lezer weet te grijpen.

Spoel je verhaal vooruit naar het moment waarop de eerste cruciale gebeurtenis plaatsvindt. Sluit je ogen en stel je de scène voor: wat gebeurt er, en waar bereikt de spanning zijn hoogtepunt? Dáár begint jouw verhaal.

Het maakt niet uit als de lezer nog niet weet wie de personages zijn of waar ze zich bevinden. Die details zullen zich gaandeweg vanzelf onthullen. Jouw eerste en belangrijkste doel is om je publiek meteen te boeien. Dit begint met een pakkende eerste alinea—of nog beter: een onweerstaanbare openingszin.

Een scherpe dialoog kan wonderen doen. Is je personage alleen? Creëer spanning via hun interne gedachten. Een andere effectieve aanpak is om het thema van je boek samen te vatten in één krachtige zin—een zin die de reis die nog komt alvast inleidt. Maak het intrigerend, maar blijf trouw aan je genre.

Als je openingsscène vol actie zit, onthul de details dan stapsgewijs. Dompel de lezer onder in het moment, alsof ze zonder waarschuwing door een deur worden gesleurd, recht de scène in. Laat de formaliteiten achterwege: geen weersbeschrijvingen, geen uitleg over de inrichting. Gooi ze direct in de actie—geen achtergrondinformatie, geen toelichting, geen opwarmronde. Laat elke zin voortbouwen op de vorige, zodat de lezer steeds verder wordt meegezogen in de gebeurtenissen.

Een ijzersterke opening doet meer dan de toon zetten: het grijpt de aandacht, maakt verwachtingen los en belooft de lezer dat hen een onvergetelijke ervaring te wachten staat.

KARAKTERONTWIKKELING

Een boek leeft door zijn personages. Hoe meer driedimensionaal ze zijn, hoe boeiender ze worden voor je lezers. Streef ernaar om je personages van het papier te laten springen, zodat lezers aan het einde van het verhaal het gevoel hebben dat ze hen door en door kennen.

Breng je personages tot leven door beweging. Als ze statisch blijven of onbeweeglijk lijken, loop je het risico dat ze overkomen als levenloze kartonnen figuren. Kleine acties en subtiele veranderingen in gezichtsuitdrukkingen maken hen echter levendig en menselijk. Deze gebaren geven de lezer het gevoel alsof ze in dezelfde kamer staan en hen van dichtbij gadeslaan.

Bovendien kun je met specifieke acties emoties overbrengen zonder die expliciet te benoemen.

Denk bijvoorbeeld aan deze kleine, alledaagse gebaren:

- Aan hun neus krabben
- Een hand door hun haar halen
- Onrustig van het ene op het andere been wiebelen
- Met de punt van hun schoen een kuiltje in de grond graven
- Hun lippen samenpersen of op elkaar klemmen
- Hun armen over elkaar slaan
- Met hun wenkbrauwen wiebelen
- Een pakje kauwgom of pepermunt tevoorschijn halen
- Fluiten tussen hun tanden door
- Hun neus met de rug van hun hand afvegen
- Hun slapen masseren
- Hun handen hulpeloos in de lucht gooien

- Spelen met voorwerpen op tafel
- En nog veel meer.

Om gezichtsuitdrukkingen realistisch te beschrijven, kun je voor een spiegel gaan staan. Probeer de uitdrukkingen van je personage na te bootsen en schrijf ze vervolgens zo levensecht mogelijk op.

Bij het introduceren van nieuwe personages geldt een gouden regel:

Geef binnen de eerste twee pagina's minstens zes persoonlijke details over je hoofdpersoon. Dit kunnen willekeurige dingen zijn—van hun favoriete merk tandpasta tot hun schoenmaat of het televisieprogramma waar ze altijd naar kijken. Hoe meer details je toevoegt, hoe scherper het beeld van je personage in het hoofd van de lezer wordt, waardoor ze zich sneller met hen kunnen identificeren.

Hetzelfde principe geldt voor elk belangrijk personage dat later in het verhaal verschijnt, maar niet voor bijfiguren zoals portiers, postbodes of winkelpersoneel. Belangrijke personages moeten snel tot leven komen, omdat lezers in korte tijd zo veel mogelijk over hen willen weten.

Essentiële details zijn leeftijd, haarkleur, lichaamsbouw en kledingstijl. Het kan frustrerend zijn voor lezers om zich drie hoofdstukken lang een heldin met kort zwart haar voor te stellen, om er vervolgens achter te komen dat ze eigenlijk weelderige rode krullen heeft. Stel deze basiskenmerken daarom vroeg vast, samen met de setting en het tijdstip van de dag of het jaar.

Vermijd echter dat je deze kenmerken simpelweg opsomt. Verwerk ze op een natuurlijke manier in het verhaal. Wanneer je uiterlijkheden beschrijft, voeg dan context toe die laat zien hoe deze eigenschappen invloed hebben op het personage. Dit voorkomt de gevreesde 'infodump' (een onhandige en te directe overdaad aan informatie) en zorgt voor een organische karakterontwikkeling.

Met een uitgebreide cast kan het nuttig zijn om voor elk personage een karaktersheet bij te houden. Noteer daarin belangrijke eigenschappen zoals haar- en oogkleur, lichaamsbouw, leeftijd, voorkeuren en zelfs familieachtergrond. Bij een groot aantal personages zijn deze details gemakkelijk te vergeten, en telkens opnieuw door je manuscript zoeken kan een tijdrovende klus worden.

PERSPECTIEF (POV)

POV, oftewel Point of View, verwijst naar het vertelperspectief.

Bepaal welk perspectief het beste bij je verhaal past. Kies je voor de eerste persoon, waarbij de verteller rechtstreeks spreekt (ik), of voor de derde persoon, waarin de gebeurtenissen worden beschreven vanuit 'hij' of 'zij'?

Beide perspectieven zijn even geschikt voor de markt. Sommige lezers hebben een voorkeur voor de ene stijl boven de andere, dus kies wat voor jou natuurlijk aanvoelt. Toch is het perspectief in de eerste persoon steeds populairder in young adult- en romantische romans. Door het dagboekachtige en intieme karakter worden lezers dieper in het verhaal meegezogen, waardoor het persoonlijker en meeslepender aanvoelt.

Welke keuze je ook maakt, er is één gouden regel: blijf binnen het waarnemingsvermogen van de verteller. Beschrijf alleen wat het personage op dat moment kan zien, horen, ruiken of voelen.

Bijvoorbeeld, als je hoofdpersoon met zijn rug naar een deur staat en iemand binnenkomt, kan hij niet weten wie het is zonder een aanwijzing te horen of te zien.

Fout: De deur gaat achter me open, en Amy komt binnen.

Goed: Ik hoor de deur achter me opengaan, gevolgd door zachte voetstappen. Aan het vertrouwde 'hallo' herken ik Amy's stem, zonder dat ik me hoef om te draaien.

Hetzelfde geldt voor gebeurtenissen die buiten hun blikveld plaatsvinden, zoals omvallende voorwerpen achter hen of voorbijrijdende auto's. Beperk je tot wat het personage op een realistische manier kan waarnemen. Alles daarbuiten raakt aan het alwetend perspectief (Omni-POV), waarbij de verteller alles weet. Hoewel dit perspectief nuttig kan zijn, creëert het vaak afstand tussen de lezer en het personage, waardoor de betrokkenheid afneemt.

Als je verhaal schakelt tussen meerdere perspectieven, zorg er dan voor dat elke wissel duidelijk is. Begin een nieuw hoofdstuk voor elk POV of gebruik een duidelijke scènebreuk, bijvoorbeeld ***.

Vermijd 'head-hopping' ten koste van alles. Deze fout—waarbij je binnen één scène onverwachts van perspectief wisselt—is verwarrend en haalt de lezer uit het verhaal. Duidelijke grenzen tussen perspectieven zorgen voor een samenhangend, meeslepend geheel.

Laat zien, vertel niet!

Schrijven gaat niet alleen om het bedenken van een goed verhaal; het draait om het vertellen ervan op een manier die lezers meesleept en volledig onderdompelt.

Het principe van *'laat zien, vertel niet'* is een van de fundamenten van goed schrijven. Het kan voor beginners echter een uitdaging zijn om dit volledig onder de knie te krijgen. In de kern betekent het: toon acties en details in plaats van simpelweg samen te vatten wat er gebeurt.

Hier is het onderscheid:

Vertellen is handig voor korte samenvattingen of wanneer je snel informatie wilt overbrengen. Het geeft de noodzakelijke feiten, maar schetst geen levendig beeld. De lezer weet wat er gebeurt, maar mist het gevoel hoe de scène eruitzag, klonk, rook of voelde.

Laten zien brengt daarentegen een scène tot leven in de geest van de lezer. Goed uitgevoerd, verandert het verhaal in een *mentale film* die de lezer volledig opslokt. Dit is waar de ware kracht van verhalen vertellen ligt.

Om te *laten zien*, gebruik sterke, specifieke werkwoorden en vermijd een overdaad aan bijwoorden.

In plaats van: *Hij ging boos naar buiten.*
Probeer: *Hij stampte naar buiten.* / *Hij smeet de deur open en stormde naar buiten.*

In plaats van: *Ze zei chagrijnig.*

Probeer: *Ze bromde. / Ze mompelde binnensmonds.*

Het doel is om emoties—zoals honger, verdriet, vreugde, liefde, frustratie—en gemoedstoestanden uit te drukken via gezichtsuitdrukkingen, gebaren, acties, gedachten en dialogen, zonder de emotie expliciet te benoemen.

Voorbeeld 1

Vertellen: Mijn zusje was die ochtend ziek.

Laten zien: Toen ik die ochtend mijn zusjes kamer binnenkwam, prikte de scherpe geur van hoestsiroop in mijn neus. Op haar nachtkastje lagen een houten spateltje van de dokter en een verfrommeld stripje koortstabletten. Sarah zat half rechtop tegen haar kussens, terwijl ze haar neus snoot in een tissue, die ze vervolgens verfrommelde en in de uitpuilende prullenbak gooide. Haar rode, gezwollen neus stak fel af tegen haar bleke gezicht, en haar waterige ogen knipperden traag. De tenen van haar gele gebreide sokken piepten onder het dekbed vandaan.
'Mam zei dat ik je een glas water moest brengen,' mompelde ik terwijl ik de kraag van mijn trui over mijn neus trok, alsof dat me tegen de ziektekiemen kon beschermen.

Voorbeeld 2

Vertellen: Na de ruzie met zijn ex-vriendin stapte hij woedend in zijn auto en reed weg.

Laten zien: *'Verdomme, trut!'* schreeuwde hij terwijl ze zich op de scherpe hakken van haar laarzen omdraaide en wegliep alsof ze een modeshow liep. Met een felle ruk trok hij het portier van zijn zwarte Toyota open en liet zich op de bestuurdersstoel vallen. *Waarom was ik in hemelsnaam hierheen gekomen?* bromde hij binnensmonds. Hij kende haar inmiddels goed genoeg om beter te weten.

'Godverdomme!' brieste hij, terwijl hij zijn vuist zo hard tegen het stuur sloeg dat de naald van de snelheidsmeter een sprongetje maakte. Zijn handen trilden terwijl hij de sleutel in het contact stak en met één draai de motor grommend tot leven bracht. Met een harde piep draaiden de

banden over het asfalt toen hij het gaspedaal intrapte. De auto schoot vooruit, en een walm van verbrande rubber bleef achter. Het kon hem niets schelen wie het kabaal hoorde of wie hem langs zag razen. Hij drukte het gaspedaal nog dieper in, drie keer zo hard rijdend als was toegestaan.

Door *te laten zien*, breng je niet alleen een scène over; je maakt het tastbaar. Je biedt je lezers niet enkel een beeld, maar een ervaring die ze kunnen voelen, horen en zelfs ruiken. Dat is hoe je verhaal memorabel wordt, en dat is de magie van schrijven.

DIALOOG

De juiste dialoog is een onmisbaar element in elk genre—of je nu een thriller, historische roman, komedie of liefdesverhaal schrijft. Het kan je verhaal tot leven brengen en je personages diepgang geven, of het kan alles oppervlakkig en saai maken.

Wat je personages zeggen—en wat ze niet zeggen—is van cruciaal belang.

Effectieve dialoog moet altijd minstens één van de volgende doelen dienen:

- Het verhaal vooruithelpen
- De persoonlijkheden van je personages verduidelijken

- Een belangrijk thema of boodschap overbrengen

Het klinkt misschien eenvoudig, en met de juiste oefening kan het dat ook worden. Maar veel beginnende schrijvers maken dezelfde fout: dialogen vullen met zinloos geklets. Denk bijvoorbeeld aan Harald die zijn zus vraagt hoe het weer is. Zulke gesprekken voegen niets toe. Vermijd dialogen die nergens toe leiden. Iedere regel dialoog, hoe kort ook, moet een doel hebben. Of het nu gaat om het oproepen van emotie, het onthullen van belangrijke informatie of het opbouwen van spanning, elke uitwisseling moet ertoe doen. Lege koetjes-en-kalfjesgesprekken horen niet thuis in je roman.

Natuurlijk, maar niet té realistisch

Dialogen moeten natuurlijk klinken, maar mogen geen exacte kopieën zijn van alledaagse gesprekken. In het echte leven zijn mensen vaak langdradig, dwalen ze af of herhalen ze zichzelf. Maar als je dit te letterlijk in je tekst overneemt, kan dat lezers irriteren. Bijvoorbeeld:

'Oh mijn God, hij komt ook naar dat feest?! Wat moet ik aandoen? OMG, ik heb echt een nieuwe jurk nodig! Ik kan niet iets dragen wat hij al eerder heeft gezien. Oh mijn God, oh mijn God, oh mijn God!'

Hoewel dit misschien realistisch klinkt, is het op papier saai en vermoeiend. Na de derde 'Oh mijn God' zullen je lezers afhaken. Zoek naar een balans: houd je dialogen geloofwaardig, maar beknopt. Gebruik dramatische uitroepen en krachttermen alleen wanneer ze emotionele of narratieve impact hebben, en pas herhaling spaarzaam en doelgericht toe.

Diepgang in dialoog

Goed geschreven dialogen overstijgen het oppervlakkige. Ze kunnen motivaties blootleggen, subtiele vooruitwijzingen geven of conflicten verdiepen.

- **Motivatie**: Gebruik woorden om te laten zien wat een personage beweegt. Wat willen ze echt? Wat proberen ze te verbergen? Geef niet alles direct weg, maar gebruik indirecte verwijzingen en subtiele hints om de lezer nieuwsgierig te maken.
- **Vooruitwijzingen**: Slimme dialogen kunnen verwachtingen creëren. Laat subtiele hints vallen over wat er gaat komen, zonder teveel weg te geven. Dit zorgt voor spanning en verhoogt de impact van toekomstige onthullingen.
- **Conflict**: Conflict vormt de kern van een goed verhaal. Gebruik dialogen om spanningen op te bouwen, emoties bloot te leggen of onuitgesproken frustraties te laten

doorschemeren. Dit voegt gelaagdheid en intensiteit toe, ongeacht het genre.

Veelvoorkomende valkuilen

Onnatuurlijke of stijve dialogen:

Lees je dialogen hardop voor. Klinken ze stijf of geforceerd? Herschrijf ze dan. Mensen praten zelden in perfecte zinnen. Laat je personages op een natuurlijke manier spreken—met dialect, afkortingen of zelfs zelfverzonnen woorden als dat bij hun karakter past.

Stijf: *'Hoe gaat het met je, mijn vriend?'*
Natuurlijk: *'Alles goed, man?'*

Homogene stemmen:

Geen twee mensen spreken hetzelfde. Maar als schrijver loop je het risico dat al je personages op elkaar gaan lijken, omdat jij hun dialogen schrijft. Om dit te voorkomen, geef elk personage een unieke stem. Misschien gebruikt de een altijd bijnamen, terwijl een ander formeel blijft en iedereen met 'u' aanspreekt. Mannen hebben vaak kortere zinnen en vermijden emotionele onderwerpen, terwijl vrouwen uitgebreider en gedetailleerder communiceren. Laat favoriete woorden of uitdrukkingen kenmerkend zijn voor een personage. Zorg ervoor dat je held en heldin niet precies hetzelfde praten—dat maakt de dialoog eentonig.

Overmatig gebruik van namen:
Het te vaak gebruiken van namen in een gesprek voelt onnatuurlijk. Bijvoorbeeld:
'Waar ben je, Laura?' 'Ik kom eraan, Stefan.' 'Schiet op, Laura.'

De context en acties van je personages zouden voldoende moeten zijn om duidelijk te maken wie er spreekt. Gebruik namen spaarzaam, en alleen om emotionele nadruk te leggen of wanneer het nodig is om verwarring te voorkomen.

Acties versterken dialoog

Sterke acties kunnen dialogen verrijken en overbodige tags zoals 'zei hij' of 'zei zij' vervangen. Als je acties goed integreert, begrijpt de lezer vanzelf wie aan het woord is.
Bijvoorbeeld:

'Ik geloof er niks van,' zei ze.
Kan worden vervangen door:
Ze sloeg het boek dicht. 'Ik geloof er niks van.'

Vermijd lange, onafgebroken stukken dialoog zonder acties of beschrijvingen. Zorg ervoor dat de lezer niet alleen hoort wat er gezegd wordt, maar ook ziet waar de personages zijn, wat ze doen en hoe ze zich voelen. Dit brengt je scène tot leven en houdt de lezer betrokken.

Met verfijnde en doordachte dialogen maak je je verhaal niet alleen levendig, maar geef je het ook emotionele diepte en authenticiteit. Elke conversatie in je boek is een kans om je personages, conflicten en thema's te versterken. Gebruik die kans optimaal, en je dialogen zullen lezers blijven boeien.

Dialoogopmaak

Een correcte opmaak van dialogen is essentieel voor de duidelijkheid en leesbaarheid van je verhaal. Telkens wanneer een personage spreekt, moet hun dialoog in een aparte alinea staan. Zelfs als een dialoog kort wordt onderbroken door een actie, blijf je binnen dezelfde alinea. Begin altijd een nieuwe alinea wanneer een ander personage begint te spreken.

Combineer nooit de dialogen van twee of meer personages in één alinea. Dit leidt niet alleen tot verwarring, maar haalt ook de dynamiek uit je tekst. Door deze richtlijnen te volgen, blijven je dialogen helder en natuurlijk, en versterken ze het ritme en de diepgang van je verhaal.

Technieken om gesprekken te verrijken

Sarcasme

Sarcasme is een scherpe, vaak elegante manier om een sneer uit te delen—mits het past bij het personage. Het kan perfect zijn voor een gevatte antagonist, maar minder geschikt voor een serieuze, gereserveerde heldin.

Voorbeeld:

TONY: Liza en voetbal? Je kunt net zo goed proberen een olifant te leren dansen.

CHLOE: Die olifant sla je precies raak.

LIZA (tegen Chloe): Ik heb ooit in de brugklas geprobeerd m'n eten uit te kotsen, maar dat is vast meer jouw ding.

Sarcasme is een kunst op zich en niet altijd eenvoudig om overtuigend te schrijven. Het moet natuurlijk overkomen, anders valt het al snel door de mand. Als sarcasme niet bij je eigen schrijfstijl past, forceer het dan niet—lezers merken dat meteen.

Geestige opmerkingen

Een snelle, gevatte reactie kan een dialoog net dat beetje extra geven. Vaak is de eerste opmerking sterk, maar de repliek moet nóg beter zijn.

Voorbeeld (uit *Gilmore Girls*):

LORELAI: Die jurk is veel te sletterig!

MOEDER: Niet de jurk, maar de vrouw die hem draagt...

LORELAI: Oh, de verbinding hapert—het huis gaat net door een tunnel!

Dubbele bodems

Een dubbelzinnige uitspraak, vaak met een speelse of ironische ondertoon, kan spanning of humor toevoegen aan een scène. Het is bijzonder effectief in luchtige of intrigerende dialogen.

Voorbeeld (uit *The Silence of the Lambs*):

HANNIBAL LECTER: I do wish we could chat longer, but... I'm having an old friend for dinner.

Dubbele bodems trekken de lezer in de dialoog en zetten hen aan het denken. Ze voegen een subtiele, slimme laag toe aan je verhaal.

Overdrijving en understatement

Ironie, in de vorm van overdrijving of understatement, is een krachtig middel om de toon van een dialoog te bepalen. Een understatement zoals *"Houston, we have a problem"* draagt enorme emotionele impact in zijn eenvoud.

Door deze technieken te combineren en aan te passen aan je personages en verhaal, creëer je levendige, onvergetelijke dialogen.

CONFLICT

Conflict is het hart van elk verhaal. Zonder conflict wordt een verhaal een vlakke reeks van 'leuke' scènes die de lezer niet raken of boeien.

Maar wat is conflict eigenlijk?

Conflict ontstaat wanneer de doelen, waarden of verlangens van personages botsen, wat spanning creëert en het verhaal voortstuwt. Het kan zo klein zijn als een personage dat worstelt met een innerlijke keuze, of zo groots als een epische strijd tussen goed en kwaad.

In fictie zijn er twee belangrijke vormen van conflict:

- **Intern conflict:** De innerlijke strijd van een personage—zoals angsten, zwakheden of morele dilemma's.
- **Extern conflict:** Obstakels van buitenaf—zoals een antagonist, maatschappelijke druk of fysieke uitdagingen.

Intern conflict

Hier ligt de ziel van je verhaal. Intern conflict laat lezers diep in de psyche van je personages duiken. Het is wat hen menselijk maakt, wat hen begrijpelijk en herkenbaar maakt. Denk aan Ebenezer Scrooge in *A Christmas Carol*: zijn verhaal gaat niet om het verslaan van een vijand of het redden van de wereld, maar om het redden van zichzelf. Zijn reis van vrekkige eenzaamheid naar warme compassie raakt de kern van het mens-zijn en maakt zijn verhaal tijdloos.

Extern conflict

Extern conflict brengt spanning en actie in je verhaal. Het houdt de lezer op het puntje van zijn stoel. Neem bijvoorbeeld Harry Potter: zijn reis zit vol levensgevaarlijke uitdagingen, van duistere tovenaars tot vijandige wezens. Maar wat het verhaal onvergetelijk maakt, is hoe deze externe conflicten Harry's interne groei aanmoedigen—zijn moed, loyaliteit en veerkracht.

Extern conflict kan ook fungeren als katalysator voor interne ontwikkeling, waardoor je verhaal meer gelaagdheid krijgt.

Het conflictverloop

Sterke verhalen volgen een conflictboog die de emotionele reis van de lezer begeleidt:

1. **Introductie van het conflict:** De personages ontdekken wat er op het spel staat.
2. **Oplopende spanning:** Obstakels en tegenslagen bouwen de druk op.
3. **Climax:** Het beslissende moment waarin alles samenkomt.

4. **Oplossing:** Losse eindjes worden afgehecht, en de personages komen veranderd uit de strijd.

Lezers ervaren deze boog op een emotioneel niveau: ze voelen de spanning toenemen, hun hart bonzen tijdens de climax, en de opluchting en reflectie tijdens de ontknoping.

Zonder conflict mist je verhaal richting en betrokkenheid. Vraag jezelf af: *Wat staat er op het spel? Wat zorgt ervoor dat lezers willen blijven lezen?* Als je deze vragen niet kunt beantwoorden, is het tijd om je plot opnieuw te bekijken en sterker te maken.

PLOT

Het plot is de ruggengraat van je verhaal—een samenspel van verbeelding en structuur. Zie het als de blauwdruk voor je roman. Of je nu elk hoofdstuk minutieus uitwerkt of je liever laat verrassen door een intuïtieve benadering, een goed doordacht plot geeft richting en samenhang aan je verhaal.

Sommige schrijvers werken als architecten, met gedetailleerde schema's en uitgewerkte plannen. Anderen zijn meer ontdekkingsreizigers, die zonder kaart aan hun reis beginnen en het verhaal onderweg ontdekken. Beide methodes zijn waardevol, en er is geen 'juiste' manier om te plotten—alleen de manier die bij jou past.

Tips voor plotten:

- **Maak een schema of lijst:** Stel een overzicht samen met belangrijke gebeurtenissen of korte samenvattingen per hoofdstuk. Dit dient als kompas, zodat je je niet verliest in het verhaal.
- **Laat ruimte voor spontaniteit:** Personages hebben vaak een eigen wil en kunnen het plot in onverwachte richtingen sturen. Dit is geen obstakel, maar een teken dat je verhaal leeft.

Een geheim: hoe goed je je plot ook voorbereidt, het zal zich bijna altijd anders ontwikkelen dan je dacht. Personages kunnen onverwachte keuzes maken, en een kleine subplot kan uitgroeien tot een belangrijk keerpunt. Dit is geen mislukking— het is magie.

Stel je voor dat je begint aan een verhaal over een verlegen hoofdpersoon die de liefde vindt. Maar terwijl je schrijft, realiseer je je dat hun reis meer draait om zelfontdekking dan romantiek. Volg dat gevoel. Zulke instincten leiden vaak tot authentiekere en rijkere verhalen.

Loop je vast? Keer terug naar je plot. Is het conflict overtuigend genoeg? Zijn de stakes voelbaar en relevant? Soms kan een kleine aanpassing in je plot je creativiteit opnieuw aanwakkeren.

Onthoud: het eindresultaat hoeft niet exact overeen te komen met je oorspronkelijke plan. Sommige van de meest memorabele verhalen zijn ontstaan uit onverwachte wendingen. Vertrouw op het proces en laat je verhaal zichzelf vormgeven.

PROLOOG EN EPILOOG

Een veelgestelde vraag tijdens mijn workshops is: *Moet ik een proloog of epiloog toevoegen? Verwachten lezers dat?*

De proloog

Een proloog kan waardevol zijn als lezers essentiële achtergrondinformatie nodig hebben—iets wat in het verleden van je personages is gebeurd en cruciaal is om het verhaal te begrijpen. Dit soort informatie past vaak niet naadloos in het hoofdverhaal en kan de flow verstoren als je het later via flashbacks probeert in te passen.

Waarom geen flashbacks?

Hoewel flashbacks effectief kunnen zijn, hebben ze een inherent nadeel: ze onderbreken het ritme van je verhaal. Stel dat je lezers volledig ondergedompeld zijn in de huidige gebeurtenissen. Een plotselinge flashback haalt ze uit het moment, dwingt hen zich aan te passen aan een andere tijdlijn, en plaatst ze vervolgens weer terug in het heden. Deze dubbele overgang kan de flow verstoren.

Als je verhaal meerdere flashbacks bevat, loop je bovendien het risico dat de narratieve samenhang verloren gaat. Een goed geschreven proloog biedt een elegante oplossing: het geeft essentiële context zonder dat het de voortgang van het verhaal later belemmert.

Tips voor een effectieve proloog

- **Houd het relevant:** Richt je op gebeurtenissen die absoluut noodzakelijk zijn om het verhaal te begrijpen. Laat overbodige details achterwege.

- **Sluit af met een hook:** Eindig op een spannend of raadselachtig moment dat de nieuwsgierigheid van de lezer prikkelt.

- **Laat ruimte voor mysteries:** Onthul niet alles; de belangrijkste vragen en conflicten horen thuis in het hoofdverhaal.

- **Beperk de lengte:** Een proloog moet 2 tot 10 pagina's lang zijn en mag niet langer zijn dan je gemiddelde hoofdstuk.

Schrijf je proloog met dezelfde zorg als de rest van je verhaal. Maak je personages levendig, schets de setting beeldend, en toon in plaats van te vertellen.

De epiloog

Een epiloog is niet altijd noodzakelijk, maar kan een waardevolle toevoeging zijn. Het biedt lezers een gevoel van afsluiting en voldoening.

Denk aan de epiloog als een bonusmoment voor je lezers. Na dagen of weken waarin ze hebben meegeleefd met je personages, zijn ze vaak nog niet klaar om afscheid te nemen. Een epiloog geeft hen een laatste glimp van het leven van de personages en biedt een zachte landing na de emotionele piek van het verhaal. Het is de kers op de taart—het verhaal is compleet zonder, maar met een epiloog voelt het net iets rijker.

Waarom een epiloog toevoegen?

- **Afsluiting:** Beantwoord openstaande vragen of maak losse eindjes duidelijk.
- **Een blik in de toekomst:** Laat zien wat er met je personages gebeurt na het laatste hoofdstuk. Bereikten ze hun doelen? Wat is er van hen geworden?
- **Lezers belonen:** Geef je publiek een gevoel van voldoening na de emotionele investering die ze in je verhaal hebben gedaan.

De lengte van een epiloog is flexibel. Het kan variëren van een paar regels tot een volwaardig hoofdstuk. Sommige schrijvers gebruiken een epiloog om te hinten naar een vervolg of toekomstige verhalen, afhankelijk van het genre en hun stijl.

Proloog en epiloog: hulpmiddelen, geen verplichtingen!

Gebruik een proloog en epiloog alleen als ze echt iets toevoegen aan je verhaal. Een proloog kan helpen bij de opbouw van intrige of context, terwijl een epiloog lezers een gevoel van afronding en vreugde kan geven. Als ze echter geforceerd of overbodig aanvoelen, kun je ze beter achterwege laten.

Uiteindelijk is jouw doel om je lezers een ervaring te bieden die ze koesteren—een verhaal dat hen bijblijft lang nadat ze de laatste pagina hebben omgeslagen.

VOLGORDE VAN HOOFDSTUKKEN

Hoe begin je aan het schrijven van een boek? Moet je de hoofdstukken in volgorde schrijven, zoals ze uiteindelijk in het verhaal verschijnen, of kun je alvast vooruit springen naar latere hoofdstukken en die later inpassen?

Mijn dringende advies: **Blijf in de pas!**

Je personages—en je verhaal—ontwikkelen zich op natuurlijke wijze naarmate het conflict zich ontvouwt. De persoon die je hoofdpersoon is in hoofdstuk 17 zal waarschijnlijk sterk verschillen van wie ze waren in hoofdstuk 3. Hun emoties, gedachten en zelfs hun diepste drijfveren veranderen door de uitdagingen die ze tegenkomen en de groei die ze doormaken. Deze evolutie beïnvloedt niet alleen je personages, maar ook de toon, het ritme en de samenhang van je verhaal als geheel.

Waarom schrijven buiten volgorde problematisch kan zijn:

Op het eerste gezicht lijkt vooruit springen een slim idee. Je hebt een helder beeld van een scène in hoofdstuk 17 en de inspiratie stroomt. Je schrijft het op, overtuigd dat het perfect is. *Ik voeg het later gewoon in,* denk je.

Maar naarmate je hoofdstukken 13 tot 16 schrijft, merk je iets op: dat 'perfecte' hoofdstuk voelt ineens niet meer passend.

Waarom niet?

- **Karakterontwikkeling:** Tegen de tijd dat je hoofdstuk 17 bereikt, hebben je personages dingen meegemaakt en innerlijke veranderingen doorgemaakt die je niet kon voorzien toen je vooruit sprong. Hun emoties, keuzes en motivaties sluiten niet meer aan bij wat je eerder schreef.

- **Subtiele details:** Terwijl je hoofdstukken toevoegt, verweef je automatisch nieuwe lagen—kleine details, subplots en emotionele nuances die je latere hoofdstuk ineens onvolledig of inconsistent maken.

- **Verstoorde flow:** De overgang van hoofdstuk 16 naar je eerder geschreven hoofdstuk 17 kan abrupt of geforceerd aanvoelen. Zelfs met uitgebreide herschrijvingen blijft het vaak lastig om de continuïteit en emotionele spanning soepel te houden.

Wat in eerste instantie een shortcut leek, verandert in een struikelblok dat de vloeiendheid en impact van je verhaal kan ondermijnen.

Een betere aanpak

Om jezelf frustratie en extra werk te besparen, blijf je hoofdstukken in volgorde schrijven. Maar dat betekent niet dat je je inspiratie moet negeren. Noteer je ideeën voor latere scènes op een manier die je creatieve vrijheid behoudt:

- **Dialoog:** Heb je een specifieke conversatie in je hoofd? Schrijf hem op in een apart document.

- **Scènes of concepten:** Schets de algemene actie, emoties en thema's die je wilt verkennen. Laat ruimte voor aanpassingen naarmate je verhaal zich verder ontwikkelt.

- **Personages:** Noteer hoe je denkt dat je personages zich op dat moment zullen voelen of gedragen, maar houd het open— hun reis kan je verrassen en onverwachte richtingen inslaan.

Op deze manier kun je je inspiratie vasthouden zonder je verhaal vast te zetten in een versie die later niet meer past.

De voordelen van chronologisch schrijven

Wanneer je hoofdstukken in volgorde schrijft, blijf je afgestemd op de emotionele en narratieve stroom van je verhaal. Elk hoofdstuk bouwt voort op het vorige, met een consistente toon, een natuurlijk ritme en organische karakterontwikkeling.

Als je uiteindelijk hoofdstuk 17 bereikt, kun je de ideeën uit je eerdere notities gebruiken en deze naadloos verweven in de huidige sfeer en energie van het verhaal. Dit zorgt niet alleen voor een logischere overgang, maar ook voor een diepere emotionele impact.

Hoewel deze aanpak misschien wat langzamer lijkt, bespaart het je uiteindelijk tijd. Je vermijdt de valkuil van scenes herschrijven, overgangen gladstrijken en de continuïteit herstellen. In plaats daarvan creëer je een vloeiend geheel dat lezers meeneemt op een onvergetelijke reis.

Het schrijfproces als een reis

Het schrijven van een roman is als het maken van een reis. Je kunt niet simpelweg naar de bestemming springen zonder eerst het pad te bewandelen dat je ernaartoe leidt. Elk hoofdstuk is een onmisbare schakel in die reis. Door je verhaal in volgorde te schrijven, behoud je de natuurlijke stroom, de emotionele betrokkenheid en de samenhang waar je lezers naar verlangen. Zo zorg je ervoor dat jouw verhaal niet alleen verteld wordt, maar ook gevoeld en beleefd.

OPMAAK

Hoe formatteer je je boek op de juiste manier? Er zijn twee belangrijke formaten waarmee je rekening moet houden:

- **Werkformaat:** Dit gebruik je tijdens het schrijven om je manuscript overzichtelijk, consistent en eenvoudig te bewerken te houden.
- **Publicatieformaat:** Dit pas je toe wanneer je boek gereed is voor publicatie, bijvoorbeeld via Amazon of andere platforms.

Hier is een stap-voor-stap handleiding voor beide formaten.

Werkformaat

Tijdens het schrijfproces draait alles om duidelijkheid en leesbaarheid. Gebruik de volgende instellingen om je manuscript overzichtelijk te houden:

- **Tekstuitlijning:** Uitgevuld (gelijk aan de linker- en rechterkant).
- **Alinea-inspringing:** Laat de eerste regel van elke alinea 1,25 cm inspringen.
- **Lettertype:** Times New Roman.
- **Lettergrootte:** 12 punten.
- **Regelafstand:** Dubbel.
- **Paginanummers:** Onderaan elke pagina, gecentreerd of rechts uitgelijnd.
- **Hoofdstuktitels:** Gebruik de 'Kop 1'-stijl in Word. Pas het uiterlijk van de koppen aan via de optie 'Stijl bewerken' in het menu Stijlen. Dit maakt het ook eenvoudiger om later automatisch een inhoudsopgave te genereren.

Waarom dubbele regelafstand?

Dubbele regelafstand verbetert de leesbaarheid en helpt je sneller fouten op te sporen. Het maakt het bovendien makkelijker om specifieke passages terug te vinden tijdens het redigeren en herzien.

Houd alinea's kort. Lange, compacte tekstblokken kunnen overweldigend overkomen. Streef naar alinea's van 2 tot 5 zinnen. Een regelovergang markeert een natuurlijke pauze of een moment om adem te halen. Kortere alinea's verhogen de leesbaarheid en zorgen voor een prettige flow.

Publicatieformaat

Zodra je manuscript definitief is, pas je enkele aanpassingen toe om het klaar te maken voor publicatie:

- **Regelafstand aanpassen:** Schakel over van dubbele naar enkele regelafstand.

- **Alinea-opmaak aanpassen:** Verwijder de inspringing bij de eerste regel van elk hoofdstuk. Alleen de eerste regel van elk hoofdstuk moet links uitgelijnd zijn; de rest van de alinea's behoudt hun inspringing.
- **Voor- en achtermateriaal toevoegen:**

Voorwerk

- Titelpagina met de titel van het boek en de naam van de auteur.
- Copyrightpagina met publicatiedetails en disclaimers.
- Inhoudsopgave (gebruik Word's ingebouwde generator).

Achterwerk

- Een preview van je volgende boek (optioneel).
- Een overzicht van je andere boeken of werken.
- Een korte biografie van de auteur.

Eindcontrole

Voor je manuscript klaar is om te uploaden, voer je een grondige eindcontrole uit om opmaakfouten te verwijderen:

Stap 1: Dubbele spaties verwijderen

1. Open de zoek- en vervangtool in Word.
2. Typ in het veld 'Zoeken naar': twee spaties.
3. Typ in het veld 'Vervangen door': één spatie.
4. Klik op 'Alles vervangen' en herhaal totdat Word meldt dat er geen wijzigingen meer zijn.

Stap 2: Spaties vóór alinea's verwijderen

1. Open opnieuw de zoek- en vervangtool.
2. Typ in het veld 'Zoeken naar': ^p
3. (Dit zoekt naar een alineamarkering gevolgd door een spatie.)
4. Typ in het veld 'Vervangen door': ^p

5. (Dit verwijdert de spatie direct na de alineamarkering.)

6. Klik op 'Alles vervangen' en herhaal totdat Word meldt dat er geen wijzigingen meer zijn.

Stap 3: Spaties ná alinea's verwijderen

1. Open opnieuw de zoek- en vervangtool.

2. Typ in het veld 'Zoeken naar': ^p

3. (Dit zoekt naar een spatie vóór een alineamarkering.)

4. Typ in het veld 'Vervangen door': ^p

5. (Dit verwijdert de spatie direct vóór de alineamarkering.)

6. Klik op 'Alles vervangen' en herhaal totdat Word meldt dat er geen wijzigingen meer zijn.

Klaar voor upload!

Zodra je manuscript correct is opgemaakt en zorgvuldig is nagelezen, ben je klaar om het te uploaden. Of je nu publiceert via Amazon of een ander platform, deze stappen zorgen voor een professioneel ogend boek dat voldoet aan de verwachtingen van de lezers en de industrienormen. Hiermee maak je een geweldige indruk!

BLURB

Voor veel auteurs lijkt het schrijven van een blurb een lastige opgave—maar dat hoeft het niet te zijn. Zie het als een kans om je verhaal samen te vatten in een paar verleidelijke zinnen die de nieuwsgierigheid van potentiële lezers prikkelen.

Een sterke blurb vat kort de eerste 3 tot 5 hoofdstukken van je boek samen en eindigt met een pakkende hook—een laatste zin die spanning oproept en lezers nieuwsgierig maakt om verder te lezen.

De essentiële elementen van een blurb

Een effectieve blurb bevat de volgende onderdelen:

- **De Protagonisten:** Noem de naam en leeftijd van je hoofdpersonages om lezers direct een connectie met hen te laten voelen.
- **Het Thema:** Wat is de kern van het verhaal, het emotionele hart dat alles samenbindt?
- **Een Verrassende Wending:** Geef subtiel een aanwijzing naar een belangrijke gebeurtenis of uitdaging die het verhaal op zijn kop zet.
- **De Hook:** Een laatste, onvergetelijke zin die nieuwsgierigheid opwekt en lezers aanspoort om het boek te openen.

Wat een blurb wel en niet is

Een blurb is geen uitgebreide samenvatting van je boek. Het is een teaser—een instrument om lezers te verleiden en hen aan te moedigen om de eerste hoofdstukken te lezen.

De meeste online previews bevatten slechts de eerste één of twee hoofdstukken, dus je blurb moet vooral gericht zijn op het verleiden van lezers om daar meteen in te duiken.

Houd het kort en krachtig

Een goede blurb is beknopt en to the point. Lezers die door tientallen boeken scrollen, hebben geen tijd voor lange, omslachtige omschrijvingen. Een krachtige blurb van vier tot vijf zinnen valt op en houdt hun aandacht vast.

Tips voor een onweerstaanbare blurb:

- **Laat de stem van je boek doorklinken:** Schrijf je een luchtige, humoristische roman? Laat dat zien in de toon van de blurb. Is je verhaal duister en vol suspense? Zorg dat de taal dat weerspiegelt.
- **Vermijd opsommingen:** Een blurb moet vloeiend en meeslepend zijn, niet overkomen als een checklist van feiten.

- **Bouw spanning op:** Gebruik levendige, genrespecifieke taal om je lezers op te winden en nieuwsgierig te maken.

De hook: jouw geheime wapen

De hook is het belangrijkste element van je blurb. Het is wat lezers bijblijft en hen overtuigt om verder te lezen. Veel auteurs maken echter de fout om hun blurb te eindigen met voorspelbare ja-of-nee-vragen.

Voorbeeld van een zwakke hook:
'Zal Sarah haar vooroordelen kunnen overwinnen en verliefd worden?'

Probleem: Het antwoord is te voorspelbaar. Lezers hoeven het boek niet te lezen om te weten wat er gebeurt.

Schrijf in plaats daarvan een hook die nieuwsgierigheid wekt en niet eenvoudig te beantwoorden is. Gebruik open vragen zoals *'Hoe,'* *'Wie'* of *'Wat.'* Of sluit af met een scherpe, prikkelende uitspraak die lezers laat verlangen naar meer.

Voorbeelden van effectieve hooks:

1. **Een vraag die intrigeert**
   'Hoe zal Sarah omgaan met haar groeiende gevoelens wanneer de waarheid over zijn verleden alles dreigt te vernietigen wat ze heeft opgebouwd?'

2. **Een uitspraak die emoties oproept**
   'Ze dacht dat ze veilig was—totdat de man die ze het meest vertrouwde degene werd voor wie ze niet kon vluchten.'

Schrijf een mini-verhaal

Het schrijven van een geweldige blurb kost oefening, maar laat je niet ontmoedigen. Richt je op het creëren van een mini-verhaal dat lezers prikkelt en ze net genoeg informatie geeft om nieuwsgierig te worden. Houd het kort, bouw spanning op, en laat de unieke stem van je boek doorschemeren.

Je blurb is het eerste contact tussen jouw verhaal en je lezers. Maak die kennismaking krachtig, gedenkwaardig en onmogelijk te weerstaan.

FEEDBACK

Hoe waardevol de mening van vrienden en familie ook is, zij zijn zelden de beste critici voor je werk. Hun genegenheid voor jou maakt het moeilijk om volledig eerlijk te zijn. Zoek in plaats daarvan feedback bij professionele schrijvers—mensen die het vak begrijpen en weten waar ze op moeten letten in een manuscript.

Feedback komt met regels

Schrijven is een ambacht, en zoals in elk vakgebied zijn er regels die je moet leren. Talent is belangrijk, maar het is niet voldoende om een succesvol boek te maken.

Je eerste professionele feedback kan als een klap aankomen. Bereid je voor op een schok, en misschien zelfs op tranen—dat hoort erbij. Een grondige kritiek onthult vaak dat je manuscript nog niet af is. Het kan diepe revisies nodig hebben, misschien zelfs meerdere rondes, voordat het publicatieklaar is.

Omgaan met feedback

1. **Lees alles zorgvuldig door:** Besteed aandacht aan elk detail in de feedback.
2. **Neem een pauze:** Laat het een paar uur of dagen bezinken. Dit helpt om de emotionele reactie te verwerken.
3. **Herlees met frisse ogen:** Zodra de eerste schok is gezakt, kijk je opnieuw naar de kritiek, met een open blik, en begin je de suggesties te analyseren.
4. **Onthoud:** Feedback is niet persoonlijk. Het gaat om je werk, niet om jou. Meestal richt feedback zich op schrijftechniek en

verhaalstructuur, met als doel je werk naar een hoger niveau te tillen.

Strenge feedback is een geschenk!

Soms is kritiek confronterend, en dat is goed. Als iemand een terugkerend probleem aankaart, doen ze dat om je te helpen groeien als schrijver. Neem de tijd om elke suggestie te overwegen, maar onthoud: jij bent de uiteindelijke regisseur van je boek.

Je hoeft niet alles aan te nemen. Als iets niet goed voelt of niet past bij je visie, vertrouw dan op je instinct. Jouw werk moet trouw blijven aan jouw stem. Zie feedback als een hulpmiddel om je werk te verfijnen—niet als een handleiding om het volledig om te gooien.

Critique-partners

De ideale critique-partner:

- Is een schrijver, bij voorkeur in hetzelfde genre.
- Heeft minstens evenveel ervaring als jij—of meer.
- Respecteert jouw schrijfstem en stijl.
- Geeft prioriteit aan professionaliteit boven vriendschap.

Hoe vind je een critique-partner:

- Sluit je aan bij auteursgroepen op platforms zoals Facebook of andere schrijfcommunities.
- Start een feedbackgroep waarin je hoofdstukken uitwisselt.
- Doe een proefuitwisseling van een of twee hoofdstukken om te zien of jullie matchen.

De perfecte critique-partner vinden is vergelijkbaar met het vinden van een levenspartner: het vergt geduld, vertrouwen en wederzijds respect. Maar wanneer je iemand vindt die je constructief uitdaagt en helpt groeien, is dat van onschatbare waarde.

Waarom een critique-partner essentieel is

Zelfs de meest ervaren schrijvers hebben baat bij een paar frisse ogen. Als maker ken je je verhaal te goed om blinde vlekken of zwakke plekken te zien. Een critique-partner biedt een buitenstaandersperspectief en kan je wijzen op wat werkt en wat niet.

Critique-partners kosten niets anders dan tijd, maar de inzichten die ze bieden zijn onbetaalbaar. Bovendien vieren ze je successen met je mee—en een beetje lof kan wonderen doen voor de ziel van een schrijver.

WRITER'S BLOCK

Iedereen krijgt ermee te maken.

Writer's block kan op elk moment toeslaan, en er is geen universele oplossing. De sleutel is te begrijpen wat het veroorzaakt en een manier te vinden om er doorheen te breken.

Laat de druk los!

Writer's block komt vaak voort uit stress of zelfopgelegde druk. Als dit gebeurt, neem dan afstand van je manuscript en richt je op iets totaal anders. Hier zijn enkele suggesties:

- Ga winkelen.
- Herontwerp je schrijfplek.

- Maak je huis schoon.

- Breng tijd door met vrienden.

- Werk aan de marketing van een ander boek.

Het doel is om los te laten. Schrijven onder spanning leidt zelden tot je beste werk.

Vertrouw op het proces!

Schrijven is een fundamenteel deel van wie je bent. Als het in je bloed zit, zal de inspiratie vanzelf terugkomen wanneer de tijd rijp is. Tot die tijd: geniet van het moment, laad jezelf op, en geloof dat je creativiteit slechts op pauze staat—niet verdwenen is.

Writer's block is geen einde, maar een pauze. Het is een kans om te reflecteren, op te laden, en sterker terug te komen.

Correctie

Bij het perfectioneren van je manuscript zijn er twee onmisbare stappen: **redactie** en **correctie**.

Redactie

Als beginnende schrijver zonder ervaren critique-partner (iemand die je helpt je manuscript te verfijnen), is het inhuren van een professionele redacteur van cruciaal belang. Een redacteur kijkt naar:

- **Plotproblemen:** Opsporen van inconsistenties, gaten in de logica of problemen met het tempo.
- **Stijl:** Verbeteren van de toon en de algehele leesbaarheid.

- **Dialoog:** Controleren of de dialogen natuurlijk klinken en passen bij de personages.
- **'Show, don't tell':** Delen aanwijzen waar je beschrijvingen kunt verrijken en meer kunt laten zien dan vertellen.

Redactie is grondig en transformerend. Het richt zich op de diepere lagen van je verhaal en biedt een frisse kijk op de mechanica van storytelling. Hoewel een goede redacteur kosten met zich meebrengt (gemiddeld €3,50 tot €6,50 per standaardpagina), is het een waardevolle investering als je professioneel wilt publiceren. Vooral als zelfpublicerend auteur is een eerste indruk allesbepalend—een slecht geredigeerd manuscript kan je reputatie schaden.

Correctie

Correctie focust uitsluitend op spelling-, grammatica- en interpunctiefouten. Het is doorgaans minder kostbaar dan redactie, met prijzen tussen de €2,50 en €4,50 per standaardpagina.

Kan AI dit niet?

Moderne AI-tools kunnen helpen met eenvoudige correcties, maar de nuances van taal en context blijven een taak voor een menselijke corrector.

Tips bij het kiezen van een redacteur of corrector:

1. **Onderhandel, maar houd kwaliteit in gedachten:** Vraag gerust om een korting, maar maak je keuze niet uitsluitend op basis van prijs.
2. **Controleer kwalificaties:** Zorg dat de redacteur of corrector ervaring heeft of een relevante achtergrond, bijvoorbeeld in taal, literatuur of taalkunde.
3. **Vraag om voorbeelden:** Laat 3–5 pagina's onbewerkte tekst proeflezen of redigeren. Dit geeft je een goed beeld van hun vaardigheden.

4. **Vergelijk voorbeelden:** Kies de professional wiens werk het meest met jouw visie resoneert. Vertrouw op je gevoel én de kwaliteit, niet alleen op het tarief.

5. **Vergeet de blurb niet:** Je blurb is net zo belangrijk als je manuscript. Zorg ervoor dat deze dezelfde professionele aandacht krijgt.

PITCH

Pitchen is de kunst van het presenteren van je manuscript aan een uitgeverij of literair agentschap. Het is je kans om een sterke eerste indruk te maken, dus elk detail telt.

Hoe schrijf je een succesvolle pitch?

1. **Persoonlijke aanhef:** Spreek de ontvanger bij naam aan.
2. **Op maat gemaakte introductie:** Geef aan waarom je specifiek naar deze uitgever of dit agentschap pitcht. Noem wat je bewondert aan hun werk of de auteurs die ze vertegenwoordigen.
3. **Professionele toon:** Houd het formeel, maar wees niet bang om een vleugje

persoonlijkheid toe te voegen. Vermijd echter te informele taal.

4. **Korte samenvatting:** Beschrijf je boek in één of twee zinnen. Bewaar de uitgebreide beschrijving voor de synopsis.

5. **Wees transparant:** Als je meerdere agentschappen benadert, kun je dat kort vermelden, maar noem geen namen van partijen die je al hebben afgewezen.

6. **Perfectie telt:** Controleer je pitch op fouten. Zelfs kleine slordigheden kunnen een anders uitstekende pitch ondermijnen.

7. **Houd een overzicht bij:** Noteer waar en wanneer je je manuscript hebt gepitcht om duplicaten te voorkomen.

8. **Weersta herindiening:** Zodra je je pitch hebt verstuurd, verander niets meer. Herindienen met aanpassingen kan onprofessioneel overkomen.

Timing is cruciaal!

Vermijd pitchen vlak na grote evenementen zoals de Frankfurter of Leipziger Buchmesse, of tijdens feestdagen. Agents en uitgevers zijn dan vaak overbelast, waardoor de kans op een doordachte reactie afneemt.

PSEUDONIEM

Een pseudoniem is een alternatieve auteursnaam die je kunt gebruiken als je liever niet publiceert onder je eigen naam.

Moet je een pseudoniem kiezen?

De keuze hangt volledig af van je persoonlijke voorkeur en situatie:

- **Gebruik je eigen naam:** Als je trots bent op je werk en jezelf er openlijk mee wilt associëren, is een pseudoniem niet nodig.
- **Kies een pseudoniem:** Als je schrijft in een genre zoals erotiek, of in een niche waarin je liever niet publiekelijk geassocieerd

wordt, biedt een pseudoniem privacy en gemoedsrust.

Natuurlijk kun je ook een pseudoniem kiezen omdat het gewoon beter bij je creatieve identiteit past. Wat de reden ook is, denk goed na over deze keuze.

Hoe kies je het juiste pseudoniem?

Kies een naam die bij je past: Zorg dat je pseudoniem authentiek aanvoelt. Hoe dichter het ligt bij je eigen naam of iets betekenisvols, hoe natuurlijker het zal voelen. Namen die in eerste instantie spannend lijken, kunnen na verloop van tijd minder aantrekkelijk worden, dus neem de tijd.

Test je pseudoniem: Maak een mock-up van een boekomslag met je gekozen pseudoniem. Gebruik een simpele afbeelding en plaats de naam prominent op de kaft. Bekijk het ontwerp regelmatig over een periode van een paar weken.

Als de naam nog steeds goed voelt, heb je de juiste keuze gemaakt. Zo niet, probeer een andere en herhaal het proces.

Een pseudoniem is meer dan een naam—het wordt een integraal deel van je auteursidentiteit. Of je er nu een kiest voor privacy, branding of creatieve expressie, neem de tijd om een weloverwogen keuze te maken.

SOCIAL MEDIA

Als auteur zijn er drie essentiële onderdelen van sociale media die je helpen om je merk te versterken en contact te leggen met je lezers:

- **Je Website**
- **Je Blog**
- **Je Social Media Profielen**

Elk van deze elementen heeft een unieke functie en kan, wanneer effectief ingezet, bijdragen aan het vergroten van je lezerspubliek en het versterken van je zichtbaarheid als auteur.

1. De Website

Je website is je digitale thuisbasis—een professionele en statische plek waar lezers essentiële informatie over jou en je boeken kunnen vinden. Zorg ervoor dat je website minimaal de volgende vragen beantwoordt:

- **Wie ben je?** Schrijf een korte, pakkende biografie die jouw persoonlijkheid en schrijfstijl weerspiegelt.
- **Welke boeken heb je geschreven?** Voeg een volledige lijst toe van je boeken, inclusief links naar verkooppunten.
- **Hoe kunnen lezers contact met je opnemen?** Zorg voor een contactformulier of vermeld een e-mailadres.

Na de basis kun je extra's toevoegen, zoals:

- **FAQ-pagina:** Beantwoord veelgestelde vragen over je schrijfproces, personages of boeken.

- **Bonusmateriaal:** Deel verwijderde scènes, achtergrondverhalen van personages of sneak peeks van toekomstige werken.

- **Nieuws-/Updatespagina:** Houd lezers op de hoogte van nieuwe releases of evenementen.

- **Blogintegratie:** Integreer je blog naadloos op je website, zodat je lezers makkelijk toegang hebben tot je updates.

Maak het visueel aantrekkelijk: Ontwerp je website in een stijl die past bij je boeken en schrijversmerk. Vermijd overbodige tekst en zorg ervoor dat elke pagina een duidelijk doel heeft.

Pro-tip: Kies een professionele domeinnaam. Gratis URL's met een providernaam (bijvoorbeeld alicebuttercup.wordpress.com) kunnen je geloofwaardigheid ondermijnen. Voor ongeveer €30 tot €50 per jaar kun je een eigen domein aanschaffen—een kleine investering die een groot verschil maakt in je uitstraling.

2. De Blog

Een blog biedt een dynamisch platform om updates te delen en direct contact te maken met je lezers. Veel websiteproviders, zoals WordPress, hebben ingebouwde blogfunctionaliteit. Als jouw website dit niet heeft, kun je een aparte blog opzetten via een platform zoals Blogspot en deze aan je site koppelen.

Waar kun je over bloggen?

- Deel wat je bezighoudt of inspireert.
- Kondig nieuwe projecten, boekreleases of evenementen aan.
- Bouw anticipatie op voor je volgende boek door cover reveals, blurbs of teasers te delen.

Hoe vaak bloggen?

- Streef naar een nieuwe post elke 2 tot 4 weken, maar forceer het niet. Kwaliteit gaat boven kwantiteit.

- Als je een bijzonder boeiende post hebt, kun je deze gerust langer laten staan—dat kan de betrokkenheid van lezers vergroten.

Onthoud: Een blog is een hulpmiddel, geen verplichting. Post alleen als je iets waardevols te delen hebt, niet omdat je denkt dat het moet.

3. Facebook, Instagram en TikTok

Sociale mediaplatforms bieden een directe en persoonlijke verbinding met je lezers. Gebruik deze platforms om je publiek te betrekken, relaties op te bouwen en je community te laten groeien.

Facebook

- Maak een officiële auteurspagina die losstaat van je privéprofiel. Deze pagina fungeert als je professionele visitekaartje.
- Deel updates, ga in gesprek met je publiek en organiseer winacties of wedstrijden.
- Houd altijd een positieve, professionele toon aan. Vermijd persoonlijke tirades, politieke discussies of negatieve interacties. Bij ongepaste reacties kun je deze zonder commentaar verwijderen.

Instagram en TikTok

Deze visueel gerichte platforms zijn perfect om je creativiteit te tonen. Deel bijvoorbeeld:

- Inspirerende foto's van je boeken, schrijfplek of werkproces.
- Een kijkje achter de schermen, zoals foto's van je schrijfnotities of je favoriete schrijfinstrumenten.
- Korte, creatieve video's om je werk te promoten, zoals trailers, schrijfinspiratie of grappige schrijfmomenten.

Engagement-tips

Stimuleer interactie: Stel vragen, nodig lezers uit om mee te doen aan polls, of organiseer een giveaway.

Varieer je winacties: Geef niet alleen gesigneerde boeken weg, maar voeg persoonlijke items toe, zoals een handgeschreven brief of thematische extra's.

Houd het simpel: Zorg dat deelnamevoorwaarden eenvoudig en toegankelijk zijn, vooral voor nieuwe lezers. Vraag hen bijvoorbeeld niet om een boek te kopen, maar laat ze iets leuks of interactiefs doen, zoals een vraag beantwoorden.

Controleer op fouten: Lees je posts zorgvuldig na voordat je ze plaatst. Fouten kunnen je professionele imago schaden. Als je later een fout ontdekt, gebruik dan de bewerkfunctie om deze aan te passen.

Laat social media je schrijftijd niet opslokken: Hoewel het verleidelijk is om overal aanwezig te zijn, kan het beheren van te veel accounts ten koste gaan van je creativiteit. Kies één of twee platforms en concentreer je op kwaliteit in plaats van kwantiteit.

De waarheid over likes

Het is verleidelijk om je te richten op aantallen volgers of likes, maar deze cijfers definiëren niet je succes. Wat echt telt, is het creëren van betekenisvolle content en een betrokken publiek.

Koop nooit likes: Het kopen van volgers ondermijnt je geloofwaardigheid. Lezers merken het als je duizenden volgers hebt, maar weinig echte interactie. Authenticiteit is veel waardevoller dan opgeblazen cijfers.

Social media is een krachtig middel om je lezers te bereiken en je merk als auteur te versterken. Met een professionele website, een boeiende blog en een actieve aanwezigheid op platforms zoals Facebook, Instagram en TikTok kun je je publiek laten groeien terwijl je trouw blijft aan je eigen stem.

Balans is essentieel: Gebruik deze tools om je schrijverscarrière te ondersteunen, niet om je erdoor af te laten leiden. Zorg ervoor dat je creativiteit altijd op de eerste plaats blijft staan.

BACK-UP

Het verliezen van maanden werk door een computercrash, diefstal of een onverwachte ramp zoals een huisbrand is de grootste nachtmerrie van elke schrijver. Om jezelf te beschermen tegen dit scenario is het van essentieel belang om je boekbestanden op meerdere locaties te back-uppen—bij voorkeur op twee of drie plekken.

Een betrouwbare back-upstrategie:

Back-up op je computer: Sla al je bestanden op in een aparte, goed georganiseerde map op je computer.

Externe harde schijf: Kopieer regelmatig je bestanden naar een externe harde schijf voor extra zekerheid.

Externe opslag op afstand: Eén keer per jaar maak ik een back-up op een externe harde schijf die ik bij mijn moeder bewaar, 300 km verderop. Zo heb ik altijd een veilige kopie, zelfs als er iets met mijn apparatuur of woning gebeurt.

E-mailback-up: Upload je bestanden naar je eigen e-mailadres. Sla je manuscript, boekomslagen en andere belangrijke materialen op als bijlagen in je concepten of in een speciale map. Wat er ook gebeurt met je hardware, je kunt altijd bij je e-mailback-ups vanaf elk apparaat.

Dit eenvoudige systeem kan je veel zorgen en verdriet besparen in geval van een noodgeval.

Pro-tip: Als je je manuscript wilt delen—of het nu om een volledig boek, een hoofdstuk of aanvullende materialen gaat—gebruik altijd e-mail in plaats van messenger-apps. Messenger-platforms zijn niet veilig genoeg en kunnen leiden tot verlies van gegevens of ongewenste toegang.

VEEL SUCCES!

Dat was het voor nu! Ik hoop dat je deze lessen en tips nuttig vindt terwijl je aan je schrijfreis begint. Met geduld, oefening en doorzettingsvermogen zul je ontdekken dat het proces minder intimiderend is dan het misschien lijkt.

Maar boven alles: **geef nooit op.** Houd je doel voor ogen en blijf stap voor stap vooruitgaan.
Ik wens je veel plezier, creativiteit en succes toe bij het schrijven van je eerste bestseller!

FALLING FOR A HEARTBREAKER
Speel met mij

Je was altijd van me

Vijanden... en meer

Vallen voor een hartenbreker

Het zoete verboden

EET ME OP!
De onmogelijke weddenschap

Zwijg en kus me

LIEFDE IN DE SNEEUW
Winternachtsfluister

Verloren vuurvliegjes

*

Zeventien Vlinders

GEBROKEN

Gebroken regels

Gebroken grenzen

Gebroken titanium

AVONTUREN IN NOOITGEDACHTLAND

Hartstocht in Nooitgedachtland

Pans wraak

DE KRONIEKEN VAN SPROOKJESLAND

Geen Prins voor Roodkapje

Een wolf op de weg

*

Eloyn

Onder jouw vleugels

Mijn geheime vampier

Eén Nacht van Zonden

OVER DE AUTEUR

'Ik schrijf verhalen
omdat ik niet zonder kan ademen.'

Anna Katmore leeft in een betoverende eigen wereld, die alleen diegenen doorlaat die bereid zijn om logica en rationalisme door te geven. Maar pas op, als je door deze deur durft te stappen, wil je nooit meer weg...

Disney is haar houding ten opzichte van het leven en als ze dat kon, zou ze de wereld van zichzelf redden. Haar patroonheilige is een wolf, haar toverstokje de gebroken tak van een appelboom, 13 centimeter lang, maar het doet zijn werk. Glitter op haar schoenen is een must, alhoewel de glazen schoentjes van Assepoester niet hoeven. Te riskant dat ze iets zou kunnen breken...

Ga voor meer informatie naar
www.annakatmore.com